Sticker-Wissen
Kleider, Roben und Gewänder –
eine Mode-Zeitreise

Illustrationen: Christophe Lardot
Text: Ruth Brocklehurst
Gestaltung: Nancy Leschnikoff und Laura Wood
Fachliche Beratung: Jemima Klenk

Inhalt

Erste Mode	2	Die goldenen 20er	18
Frühe Neuzeit	4	Hollywood-Glamour	20
Kragen und Manschetten	6	Die Kriegsjahre	22
Reifröcke und Perücken	8	Der „New Look"	24
Der klassizistische Stil	10	Die 1960er-Jahre	26
Krinoline und Sanduhr-Figur	12	Verzeichnis der Modedesigner	28
Journüre und Korsett	14	Eine Mode-Zeitreise	30
Sportliche Zeiten	16	Bildquellenverzeichnis	32

Erste Mode

Die ersten Trendsetter waren die Könige und Herrscher der Antike, die sich mit luxuriösen Stoffen und fantastischen Juwelen Ansehen und Respekt verschafften. Moden wechselten nicht so schnell wie heute, und nur sehr reiche Leute konnten es sich leisten, immer mit der Mode zu gehen.

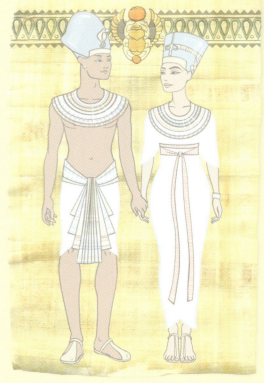

Der Pharao und seine Königin mit hohen Kronen und in der für die ägyptischen Herrscher vor etwa 3350 Jahren üblichen zeremoniellen Kleidung.

Im Reich der Pharaonen

Schon vor 2000 bis 4000 Jahren war den Menschen ihr Aussehen wichtig. Zum Beispiel kleideten sich die Ägypter in edle, dünne Leinengewänder mit verzierten Kragen und viel Schmuck.

Zu besonderen Anlässen trugen Männer und Frauen mit bunten Perlen verzierte Perücken, schminkten ihre Augenpartie schwarz und malten sich ihre Lippen rot an.

Wandbild aus einer ägyptischen Grabstätte

Ein über 3300 Jahre alter Halsschmuck in Falkenform

Goldkranz, vor rund 2400 Jahren in Griechenland hergestellt. Wahrscheinlich wurde er als Anerkennung für eine besondere Leistung verliehen.

Griechen und Römer

In der griechischen und römischen Antike trugen die Menschen lose, fließende Gewänder aus einfachen Stoffquadraten, die sie sich umwickelten und mit Broschen und Gurten befestigten.

Die meisten Römer trugen eine einfache Tunika, die von einem Gurt gehalten wurde. Bei besonders wichtigen Gelegenheiten trugen hochrangige Männer darüber noch eine Toga.

I. Um die Toga anzuziehen, legte man erst ein Ende über die linke Schulter.

II. Dann zog man den Rest unter dem rechten Arm durch …

III. … und warf ihn dann über die linke Schulter.

IV. Zuletzt wurde der mittlere Teil am Gürtel festgemacht.

Überreste römischer Ledersandalen aus dem 1. oder 2. Jahrhundert, gefunden in London.

Byzantinische Pracht

Die byzantinischen Kaiser und Kaiserinnen des 6. Jahrhunderts lebten in der mächtigen Stadt Konstantinopel, auch Byzanz genannt, – dem heutigen Istanbul. Sie legten großen Wert auf prachtvolle Kleidung. Aus Ägypten importierten sie Baumwolle und Leinen, aus Nordeuropa Pelze und aus dem fernen China Seide. Später ließen sie Seidenwürmer aus China liefern, um ihre eigenen Seidenstoffe herzustellen.

Dieses Mosaik zeigt die byzantinische Kaiserin Theodora mit einer üppig verzierten, juwelenbesetzten Krone, die mit Perlenschnüren behangen ist.

Reiche Byzantiner trugen viel Schmuck. Besonders Gold und Perlen waren beliebt.

Goldarmband mit Perlen, Amethysten, Saphiren, Quarzsteinen und Smaragden. Etwa 1500 Jahre alt.

Goldene Ohrringe mit quadratisch geschliffenen Smaragden und Amethysten.

Europäische Adlige

500 Jahre später – im Mittelalter – wurde in Europa die Kleidung wieder etwas enger getragen. Männer trugen Jacken oder Wämser über engen Beinkleidern. Frauen trugen taillierte Kleider mit eng anliegenden Ärmeln und darüber lange Oberkleider und alle möglichen Kopfbedeckungen.

Wams mit Gürtel

Spitze Hennin-Haube mit Schleier

Eng anliegende Beinkleider

Reich gemusterter italienischer „Samit" aus der Zeit um 1450. Diese Art des Seidengewebes war der wertvollste Stoff jener Zeit.

Spitze Schuhe, auch Schnabelschuhe oder Poulaine(s) genannt.

Pelzkleid über einem blauen Kleid.

Dieses Gemälde zeigt ein adliges Hochzeitspaar aus der Zeit um 1460.

Mittelalterliche Kopfbedeckungen:

Crispinette (Haarnetz)

Chaperon (sowohl von Männern als auch von Frauen getragen)

Doppelhennin

Hörnerhaube

Schuhe wie diese waren im 14. und 15. Jahrhundert modern. Im Jahre 1463 erließ der englische König Eduard IV. ein Gesetz, dass nur Männer gehobenen Ranges Schuhe tragen durften, deren Spitzen länger als 5 Zentimeter waren.

3

Frühe Neuzeit

Im 16. Jahrhundert gab es in Europa eine Art Mini-Eiszeit: Es war viel kälter als heute. Die Herrscher hielten sich mit Kleidungsschichten aus prächtigem Samt, Seide, Pelzen und edlem Leinen warm. Natürlich war alles reich bestickt und mit Juwelen verziert. Gleichzeitig versuchte eine wachsende Mittelschicht aus wohlhabenden Kaufleuten und Gutsbesitzern mit der Mode mitzuhalten.

Heinrich VIII., König von England, trägt auf diesem um 1537 von Hans Holbein gemalten Porträt die extravaganteste Herrenmode seiner Zeit.

Kleider und Cotten

Zu Anfang des 16. Jahrhunderts trugen Frauen ein Kleid und ein Unterkleid, das auch Cotte genannt wurde. Darunter kam noch ein kegelförmiger Unterrock, der auch Verdugado hieß.

- Kopfbedeckung mit Perlen
- Schwarzer Schleier
- Mieder mit eckigem Ausschnitt
- Hüftgürtel
- Ärmel mit Pelzaufschlag
- Unterkleid mit eng anliegendem Mieder
- Falsche Ärmel, passend zur Cotte
- Kleid
- Cotte
- Schnüre zum Binden

Der Verdugado wurde mit Pfahlrohr verstärkt und mit Leinenunterwäsche getragen, die regelmäßig gewechselt und gewaschen wurde.

Oberbekleidung wurde aus dickem, warmem Stoff gefertigt und nur selten gewaschen. Dreck wurde abgebürstet oder ausgeklopft und die Kleidung mit Kräuterbeuteln gelagert, damit sie frisch roch. Die Kleidung war sehr schwer – insbesondere bei regnerischem Wetter, wenn der Stoff feucht wurde.

Diese Jacke aus dem Jahre 1610 gehörte einer Engländerin namens Margaret Layton und war mit gestickten Weinreben, Blumen und Vögeln verziert. Hier kannst du die Stickerei genauer angucken.

Spanischer Stil

Ab 1550 verbreitete sich eine neue Mode von Spanien her über ganz Europa: der breite, gefaltete Kragen aus Spitze, die Halskrause. Um 1580 trug man bereits Halskrausen, die so groß waren, dass sie mit Drahtgittern gehalten werden mussten.

Wagenradgroße Halskrause, deren Falten jeweils die Form einer Acht haben.

Die offene Halskrause wurde meist von unverheirateten Frauen getragen.

Große Spitzenkrause • Puffärmel • Stecker (Miedereinsatz)

Umhang • Wams • „Bombastische" Kniehose • Strickstrumpfhose

Großer, trommelförmiger Rock

Auch die Kleider wurden bedeutend ausladender. Die Röcke wurden auf Taillenhöhe durch Stoffrollen oder Ringe gestützt. Vorne, als eine Art Miedereinsatz, wurde ein gestärktes Stoffstück getragen, das man „Stecker" nannte und das die Trägerin zu einer steifen und aufrechten Körperhaltung zwang.

Mit Stickereien verzierter „Stecker" (16. Jahrhundert)

Männer trugen oft gefütterte Wämser, damit ihre Kleidung voluminöser wirkte. Kniehosen wurden mit „Bombast" ausgestopft. Dabei handelte es sich um Lumpen, Vliesstoff oder einfach nur Kleie.

Dies ist ein Ausschnitt aus einem 1588 entstandenen Porträt der englischen Königin Elisabeth I. Viele Frauen machten ihr blasses Make-up nach, das aus weißem Blei, Essig und Eiweiß bestand. Außerdem färbten sie sich die Haare rot oder trugen Perücken.

Plateauschuhe, auch Chopinen genannt, waren zwischen 1580 und 1620 sehr beliebt. Sie sorgten dafür, dass die langen Kleider der Damen nicht über den schmutzigen Boden schleiften. Manche Plateauschuhe hatten eine Höhe von 50 Zentimetern!

Diese Halsketten stammen aus dem sogenannten Cheapside-Schatz. Ein Goldschmied hatte im Jahre 1620 eine Schmuckschatulle in seinem Keller in London versteckt, die erst 1912 entdeckt wurde.

Ausgefallene Handschuhe waren ein beliebtes Geschenk. Dieses Paar gehörte Königin Elisabeth I..

Gold und Emaille • Granat

Kragen und Manschetten

Während des 17. Jahrhunderts galten der französische König Ludwig XIII. und sein Hofstaat in Europa als modische Vorreiter. Seitdem ist Paris die „Modehauptstadt" der Welt. Die Höflinge trugen weiße Kragen und aufgerüschte Manschetten aus weißer Spitze. Natürlich war dies unpraktisch für alle, die körperlich arbeiteten.

Ein Set aus Kragen und Manschette aus dem Jahre 1635

Die Kleidung eines Adligen (um 1630)

Spitzenkragen

Die Bandelier diente dazu, ein Schwert zu tragen.

Zu Stoffbahnen geschnittene weite Ärmel

Wams mit hoher Taille

Kniehose

Spitzenmanschette

Bestickter Stulpenhandschuh

Von Kopf bis Fuß

Breitkrempiger Hut mit Feder

Herrenschuhe mit Rosetten aus Bändchen oder Spitze

Stulpenstiefel mit Aufschlag und Spitzenbesatz

Sporen

Der lachende Kavalier, ein 1624 von Frans Hals gemaltes Porträt, zeigt einen modischen Herrn mit einem besonders breiten Spitzenkragen.

Diese Kombination aus Satinwams und Kniehose aus dem Jahre 1630 dürfte einem besonders reichen Herrn gehört haben.

In dieser Detailansicht des rechts abgebildeten Anzugs sieht man ein Lochmuster. Es besteht aus vielen kleinen Löchern, die ausgeschnitten oder in den Stoff eingestanzt wurden.

Eindrucksvoller Satin

Die modischsten Kleider des 17. Jahrhunderts waren aus schimmerndem Satin, der viel besser fiel als die schweren Woll- und Samtkleider des vorangegangenen Jahrhunderts. Die Satinkleider wurden meist mit einem steifen Korsett getragen.

Dieses Korsett hatte abnehmbare Ärmel, die mit Schleifen an den Schultern befestigt wurden. Damit das Korsett perfekt saß, wurde es vorne zugeschnürt und war mit dünnen Walknochen versteift.

Seidene Kleiderstoffe (um 1610)

Diese Farbe, die dem Rosa von Nelken ähnelt, war besonders beliebt.

Gestufte, halblange Ärmel mit Spitzenmanschetten

Taschentuch aus Spitze

Breiter Spitzenkragen

Mieder mit Rosettenmotiv

Dieser Damenschuh ist mit einem Bändchen verziert. Im 17. Jahrhundert gab es keinen unterschiedlichen Zuschnitt von rechten und linken Schuhen.

Ausstattung einer Adligen (um 1630)

Schlichter Stil

Besonders strenggläubige Protestanten, die man Puritaner nannte, missbilligten die neue Mode aus Satin und filigraner Spitze. Sie bevorzugten schwarze Kleidung mit einfachen weißen Kragen und Manschetten.

Diesen Kleidungsstil brachten sie von England nach Nordamerika, als sie um 1620 dorthin auswanderten.

Damals trugen Kinder dieselbe Mode wie die Erwachsenen. Allerdings trugen alle Kleinkinder – Mädchen wie Jungen – Kleider, so wie der Junge in der Mitte dieses Bildes.

Bildnis der ältesten drei Kinder Karls I. von England. Gemälde von Anton van Dyck, 1635.

Reifröcke und Perücken

König Ludwig XIV. von Frankreich hatte einen besonders anspruchsvollen Geschmack und führte bei seinem Gefolge einen ganz neuen Stil ein. Die Kleider des französischen Hofes mit den Perücken und Gehröcken der Männer und den eleganten Seidenkleidern der Frauen beeinflussten die europäische Mode für den Großteil des 18. Jahrhunderts.

Dieser Kupferstich zeigt Ludwig XIV. von Frankreich, der von 1643 bis 1715 regierte.

Mode für den Mann

- Knielange enge Hosen und Strümpfe
- Jabot (krawattenähnliches Spitzenhalstuch)
- Knielanger Gehrock mit langen, aufgeschlagenen Manschetten und bestickter Borte
- Lange Weste, passend zum Gehrock
- Schuhe mit Absätzen und Schnallen
- Breitkrempiger Dreispitz (ein Hut mit dreiteilig nach oben geklappter Krempe)

Eine lange, bestickte Herrenweste

In diesem Detailausschnitt sieht man die Pailletten und die Seiden- und Metallfäden, mit denen die Weste geschmückt ist.

Elegante Seidenschuhe wie dieser wurden nur drinnen getragen, und zwar bei Tänzen und formellen Veranstaltungen.

Perücken und Haarteile

Perücken waren die markantesten Merkmale der damaligen Mode. Nach dem Vorbild Ludwigs XIV. trugen die meisten Männer in der Öffentlichkeit Perücken. Die besten Perücken wurden aus Menschenhaar gefertigt, billiger waren solche aus Rosshaar oder Wolle. Viele Frauen wickelten ihr Haar um heiße Eisenstangen, um sich so Locken zu machen. Außerdem benutzten sie zusätzliche Haarteile oder trugen ebenfalls Perücken.

Große mit Stärke weiß gepuderte Perücke (frühes 18. Jahrhundert)

Kleine Perücke, hinten mit schwarzer Schleife gebunden (etwa 1730)

Spitzenhaube mit Spitzenstreifen hinten (etwa 1740)

Gepuderte Hochsteckfrisur mit Haarteilen (etwa 1760)

Weite Kleider

Die Kleidung der Damen war genauso opulent wie die der Männer. Kleider hatten enge Mieder und weite Röcke. Sie bestanden oft aus Seide, hatten ein Blumenmuster und waren mit Bändchen, Rüschen und Spitze verziert.

Die Röcke wurden von ovalen Drahtgestellen getragen, die auch Panniers genannt wurden (Französisch für „Korb"). Diese Reifröcke waren sehr ausladend.

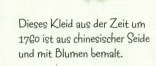

Seidentextilien mit Blumenmuster

Dieses Kleid aus der Zeit um 1760 ist aus chinesischer Seide und mit Blumen bemalt.

Dieses Kleid wurde mit einem dreieckigen Einsatz oder Stecker getragen, der leider nicht erhalten ist. Die Stecker waren oft sehr schön bestickt.

Mit Walbein verstärktes Korsett

Reifrock (Panniers)

Baumwollunterrock

Halblange Ärmel mit gerüschten Manschetten

Manche Kleider waren so breit, dass die Damen des Hofstaats seitwärts durch die Tür gehen mussten.

Auf diesem Gemälde trägt Marie Antoinette ein von Rose Bertin entworfenes Kleid.

Moden und Übertreibung

Nach der Krönung Ludwigs XVI. im Jahre 1774 wurden die Frisuren und Kleider der Damen noch aufwendiger. Königin Marie Antoinette war für ihre extravagante Kleidung bekannt, die von Rose Bertin, ihrer „Ministerin für Mode", entworfen wurde. Abbildungen ihrer Kleider wurden in Zeitschriften veröffentlicht, damit andere ihren Vorgaben folgen konnten. Natürlich konnten sich nur wenige solche üppige und unpraktische Kleidung leisten.

Eine der extravagantesten Frisuren, 1779

Der klassizistische Stil

Im Jahre 1789 begann die Französische Revolution, die zu großen gesellschaftlichen Veränderungen in ganz Europa führte und natürlich auch neue Moden mit sich brachte. Vorbei war es mit den gepuderten Perücken und extravaganten Rüschen – der neue Stil war viel simpler und von klassischen griechischen und römischen Statuen inspiriert.

Frauen trugen ihr Haar in einfachen Knoten gebunden mit ein paar Locken an den Seiten.

Haube

Jacke mit Empire-Taille über einem Empire-Kleid

Schal mit Paisleymuster

Kleiner Beutel („Reticule", später auch „Pompadour" genannt)

Sonnenschirm

Flache Schuhe oder Halbstiefel

Bestickter Saum

Mode für die Frau

- Kleider mit hoher Empire-Taille aus hellem, leicht durchsichtigem Stoff
- Haube
- Oberkleider mit Empire-Taille, auch Pelisse genannt
- Ab Mitte der 1820er saßen die Taillen wieder tiefer und die Röcke wurden voluminöser.

Das Paisleymuster stammt eigentlich aus Indien oder dem Mittleren Osten, ist aber nach einer Stadt in Schottland benannt. Dort wurden ab 1800 wollene Schals mit diesem Muster hergestellt.

Halbstiefel sind typisch für diese Periode. Der linke Stiefel ist aus Ziegenleder und der rechte aus Denim-Gewebe.

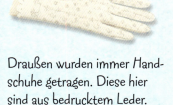

Männer trugen den etwas zerzausten „Titus-Haarschnitt", wie man ihn auf Statuen des römischen Kaisers Titus sehen konnte.

Draußen wurden immer Handschuhe getragen. Diese hier sind aus bedrucktem Leder.

Mode für den Mann

- Einfacher blauer Frack über einer kurzen Weste
- Kniehosen, in Reiterstiefel gesteckt
- Halstuch, um hohen Hemdkragen gewunden
- Statt Kniehosen wurden ab 1820 lange Hosen modern.

Dieses weiße Abendkleid aus Tüll* stammt etwa aus dem Jahre 1810. Es gehörte der französischen Kaiserin Joséphine.

Die Stickerei aus Silberfäden dürfte bei festlichen Bällen im Kerzenlicht geschimmert haben.

Kopfbedeckungen für Damen

Sobald sie das Haus verließ, trug die Dame eine Haube. Diese wurde mit passenden Bändchen oder Blumen verziert.

Für den Abend waren auch turbanähnliche Hüte beliebt, die oft mit Straußenfedern geschmückt waren.

Bedruckte Abendschuhe aus Leder mit Pompons (1780–1800)

Fächer aus Perlmutt waren perfekt, um auf Bällen einen kühlen Kopf zu bewahren.

Polierter Stahlknopf einer Herrenjacke (etwa 1810–1820)

Die Herrenmode wurde von Beau Brummell (links), einem Freund des englischen Prinzregenten, geprägt.

Orientalischer Knoten — Napoleon — Postkutscher

Modische Herren, auch Dandys genannt, knoteten ihre Halstücher auf unterschiedlichste Weise.

*Tüll ist ein dünner, netzartiger Stoff und nach der französischen Stadt Tulle benannt, wo er erstmals aus Seide und Baumwolle hergestellt wurde.

Krinoline und Sanduhr-Figur

Um die Mitte des 19. Jahrhunderts herum veränderte sich die Frauenmode drastisch. Kleider waren nun auf Sanduhr-Figur hin zugeschnitten und sahen elegant und romantisch aus. Sie waren aber auch sehr eng und unbequem – und vor allem unpraktisch.

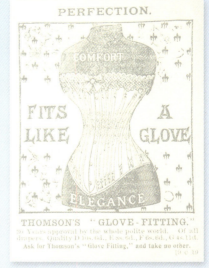

Einfacher Stil

Tageskleider waren meist aus bedruckter Wolle oder Baumwolle. Sie sollten so viel Haut wie möglich bedecken. Wenn eine Frau – und sei es beim Gehen – ihre Knöchel zeigte, galt das als vulgär.

Englisches Werbeposter für ein Korsett, das sitzt „wie angegossen"

Haube mit Seidenblumen (1845)

Bedrucktes Wollkleid aus den 1840ern

Gerafftes Mieder

Weite Pagodenärmel

Bodenlanger, glockenförmiger Rock

Frauen schnürten ihre Taille mit einem engen Korsett ein und trugen Krinolinen. Das waren mit Ringen verstärkte schwere Unterröcke oder glockenförmige Reifröcke, welche die Kleider voluminöser aussehen ließen.

Korsett aus Seide und Walbein (um 1850)

Krinoline (um 1860)

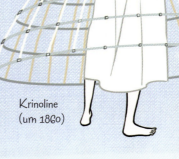

Die Amerikanerin Amelia Bloomer setzte sich dafür ein, dass Frauen Tuniken und Pantalons statt einengender Unterwäsche trugen. Einige machten es ihr nach, aber die meisten Frauen lachten sie aus. Auch heute werden solche Hosen auf Englisch noch „Bloomers" genannt.

Für besondere Anlässe

Für Bälle oder Opernabende trugen Frauen tief ausgeschnittene Abendkleider aus Seide oder Samt, die mit Bändchen und viel Schmuck verziert waren.

Eng anliegende Perlenkette (Choker)

Kameekette aus Karneol

Tropfenförmige Diamantohrringe

Kameebrosche

Madame de Moitessier
Dieses zwischen 1844 und 1856 entstandene Gemälde von Jean-Auguste-Dominique Ingres stellt eine reiche Französin in modischer Abendgarderobe dar.

Abendschuhe aus Satin mit elastischen Schnüren (1855–65)

Nähen leicht gemacht

Vor der Erfindung der Nähmaschine Mitte des 19. Jahrhunderts wurden alle Kleider von Hand genäht. Später machten Nähmaschinen es den Leuten leichter, die neuesten Moden zu Hause nachzuschneidern.

Mode für den Mann

- Dunkle, schlichte Farben
- Zylinder wurden von Männern aller Schichten getragen.
- Kleines Halstuch
- Kurze Weste
- Lange Anzugjacke oder Frack
- Im Winter oft Schottenmuster

Tagesausstattung für den Mann, (um 1850)

Hübsche Blumenmusterstoffe wie diese hier waren Massenware und sehr beliebt.

Bestickte und gemusterte Weste (um 1840)

Abendkleid, 1884-86

Tournüre und Korsett

In den 1870ern wechselte die Mode wieder. Statt glockenförmiger Röcke waren nun Röcke beliebt, die vorne flach und hinten voller waren. Diese neue Silhouette wurde mithilfe eines Korsetts und hinten geraffter Volants aus Stoff erzielt, die durch ein Drahtgestell gestützt wurden.

Die Gestelle ragten hinten fast horizontal hervor und hießen Tournüre. Mit ihnen wurden die schweren Röcke hochgehalten. Im Jahre 1880 trugen manche Frauen so große Tournüren, dass die Leute witzelten, man könne ein Tablett darauf abstellen.

Abgewandelte Krinoline (1870er)

Polster mit Pferdehaar gefüllt, (1875–1880)

Drahtrahmen (1880er)

Drahtrahmen waren leichter als die früheren Pferdehaarpolster und boten einen besseren Halt für die immer schwerer werdenden Röcke.

Die komplizierten Falten dieses Kleides werden durch den Glanz des Seidensatins betont.

Wiener Schnürstiefel aus Ziegenleder (1895–1915)

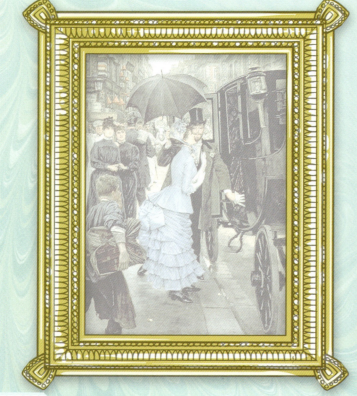

Freizeitkleidung für Herren

Die Freizeitkleidung für Herren wurde vielfältiger. In der Stadt trug ein modischer Herr einen Anzug und eine lange Jacke mit abgesetztem Rundkragen und setzte einen Zylinder oder eine Melone auf. Auf dem Lande wurden sportliche cremefarbene Anzüge mit Nadelstreifen getragen und dazu meist ein Strohhut.

James Jacques Tissots Gemälde *Die Brautjungfer* (1883–1885), zeigt ein modisches Paar, das in eine Droschke steigt.

Fliege

Kleidung eines Herrn auf dem Lande (1890er)

Strohhut

Der alternative Stil der Künstler

Viele Künstler und Intellektuelle lehnten die einengenden Moden ab. Männer trugen Kittel oder Sakkos und Frauen bevorzugten weite Kleider. Dieser Stil war unter anderem von den Präraffaeliten beeinflusst, die wiederum in der Kunst und Literatur des Mittelalters ihre Inspiration fanden.

Dieses Foto von 1882 zeigt den Dichter Oscar Wilde in sogenannter „Künstlerkleidung": Er trägt ein Samtsakko und Kniehosen.

Libertykleid (um 1900)

1875 eröffnete Arthur Lasenby Liberty ein Geschäft in London, in dem er Kunst und Schmuck aus Indien und dem Fernen Osten verkaufte. Libertys Stoffe und Kleidung bestimmten den künstlerischen Stil der Epoche.

Libertystoff (1887)

Der Tagtraum, ein Gemälde des Präraffaeliten Dante Gabriel Rossetti (1880)

Extreme Kurven

In den 1890er-Jahren waren Tournüre und Reifröcke wieder aus der Mode verschwunden. Stattdessen war die neue modische Silhouette eine übertriebene Sanduhr-Figur, die mit einer neuen Art des Korsetts erreicht wurde. Damit wurde die Brust nach vorne raus und die Hüfte nach hinten geschoben, sodass von der Seite gesehen eine S-Form entstand. Kleider waren lang und hatten eine Schleppe. Abendkleider waren tief ausgeschnitten. Tagsüber wurden hingegen hohe Kragen getragen.

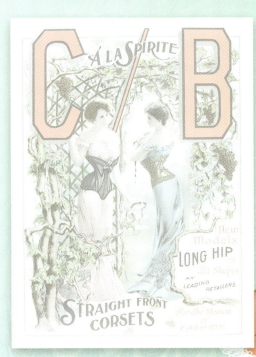

Werbeposter für eines der neuartigen Korsette (1903)

Damals lagen Kleider an der Hüfte eng an, um die S-Kurve des Korsetts zu betonen.

Sportliche Zeiten

Die Jahre zu Anfang des 20. Jahrhunderts wurden auch Belle Epoque (Französisch für „schöne Epoche") genannt. Es war die Zeit des eleganten und diskreten Luxus. Die Mode wurde auch bequemer und praktischer.

Auf diesem Gemälde aus Dänemark tragen zwei junge Frauen zum Radfahren stilvolle Sportkostüme (um 1900).

Tageskleid aus Leinen mit passendem Hut (1910)

Dieses Kleid wäre für eine stilvolle Gartenparty genau richtig gewesen.

Mode für die Dame

- Gerade geschnittene, knöchellange Kleider mit natürlicher Taille, meist ohne Korsett
- Maßgeschneiderte Alltagskostüme
- Accessoires im Jugendstil
- Breite Gürtel
- Breitkrempige Hüte mit Blumen oder vielen Federn

Badehaube

Einteiliger Herrenbadeanzug

Kleid mit Gürtel und Seemannskragen

Pumphose

Strümpfe und Leinenschnürschuhe zum Baden

Badeanzüge waren oft aus Taft oder Mohair, manche waren sogar gestrickt! Deshalb war die Badekleidung oft sehr schwer, wenn sie nass wurde.

Zeit für Sport

Anders als in früheren Jahrzehnten hatten viele Menschen mehr Freizeit. Dies spiegelte sich auch in der Mode wider, insbesondere in der speziell für die verschiedenen Sportarten vorgesehenen Kleidung. Radfahren war ein relativ neuer Zeitvertreib und gab vielen Frauen eine größere Unabhängigkeit, da sie jetzt alleine unterwegs sein konnten.

Hüte und Frisuren

Langes, gelocktes Haar in losem Knoten gebunden (1905)

Breitkrempiger Hut (1900–1914)

Orientalischer Turban (1912)

Die neue Opulenz

In den frühen 1900er-Jahren wurde die Mode stark von orientalischer Kunst beeinflusst. Auch der Jugendstil spielte eine Rolle. Das war ein Stil der Architektur und dekorativen Kunst, der auf geschwungenen Linien und stilisierten Pflanzenformen basierte. Die Kleider waren in dieser Zeit weicher und fließender. Accessoires waren üppig verziert.

Knochenkämme zum Hochstecken der Frisuren waren sehr beliebt.

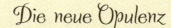

Diese Krokodillledertasche aus dem Jahre 1900 ist praktisch und dank der geschwungenen Jugendstilschnalle und den silbernen Ecken auch schick.

Jugendstilbrosche (1900)

Das „Sorbetkleid" wurde 1912 von Paul Poiret kreiert und war vom Stil japanischer Kimonos inspiriert.

Die Welt im Krieg

Im Jahr 1914 brach der Erste Weltkrieg aus. Da die meisten Männer an die Front mussten, übernahmen die Frauen Arbeiten, die zuvor nur von Männern ausgeführt worden waren. Viele übten zum ersten Mal eine Arbeit außer Haus aus. In der Folge wurde die Mode schlichter und praktischer. Strapazierfähige Kostüme und zweckmäßige Schuhe wurden üblich. Einige Frauen trugen auch Hosen oder gar Uniform.

Ein britisches Poster, das Frauen dazu aufruft, dem weiblichen Marinehilfsdienst, dem „Woman Royal Navy Service", beizutreten.

Die goldenen 20er

In den 1920ern tauchte ein neuer Trendsetter auf: der Flapper (Englisch für „flattern"). Diese jungen Frauen waren ungebunden und trugen ihr Haar kurz geschnitten. Sie durchtanzten die Nächte in Jazzclubs. Die älteren Generationen missbilligten dies zwar, aber ihr Stil fand bald viele Nachahmer.

Dies ist ein Werk des französischen Illustrators George Barbier aus dem Jahre 1921. Die Saumlänge variierte in diesem Jahrzehnt sehr stark: Mal endete der Rock knapp über den Knöcheln, mal reichte er nur bis knapp unter das Knie.

Kopfschmuck mit Federn

Fliege

Kurzes Haar oder Bubikopf

Dinnerjacket

Mit Glasperlen besticktes Kleid mit tief sitzender Taille

Abendkleider waren mit glänzenden Glasperlen und Pailletten verziert. Außerdem hatten sie Fransen, welche die Bewegungen der Tänzerin noch schwungvoller aussehen ließen.

Pastellfarbene Strümpfe

Tanzschuhe mit Riemchen

Abendkleid aus Samt mit asymmetrischem Saum, verziert mit Stickerei, Glasperlen und Fransen (1923)

Ein solcher Fächer mit Straußenfedern verlieh dem Outfit des Flappers etwas Dramatisches.

Passend zum kurzen Haar kamen lange Ohrringe in Mode.

Mit Blumen bedruckte Goldlederschuhe (1925)

Stylisch, aber bequem

Tagsüber trugen elegante Frauen einfache Kleider mit tief sitzender Taille oder auch sportliche Kostüme aus weichem Wolljersey oder Tweed. Einige besonders mutige Frauen begannen, weite Hosen zu tragen.

Die neue, gerade geschnittene Passform erlaubte es, das Korsett gegen einfache Unterkleider und Unterhemden auszutauschen. Aber Frauen mit größerer Oberweite banden sich den Busen, denn jetzt war eine knabenhafte Figur gefragt.

Seidenes Unterkleid mit Spitze

Unterhemd mit Spitze

Tageskleider (Mitte der 1920er)

In Anlehnung an den knabenhaften Stil der Flapper trugen modische Frauen jeden Alters kurze Haare. Wenn sie tagsüber ausgingen, setzten sie eng anliegende Glockenhüte auf.

Glockenhut

Glockenhut aus Stroh, verziert mit Filz, Bändchen und Samtapplikationen

Draußen trugen Frauen lange Mäntel, wie den, für den diese Anzeige aus dem Jahr 1929 wirbt. Sie waren oft mit Pelz besetzt.

Der beliebteste Look war der Wickelmantel, der auf einer Seite mit einer einzelnen großen Schnalle oder einem Knopf geschlossen wurde.

Mode für den Mann

- Zu formellen Anlässen trugen Männer einen Frack über einer weißen Weste, dazu Fliege und Zylinder.
- Für weniger formelle Partys oder Konzerte trugen Männer einen Smoking.
- Sportkleidung bestand aus einem Pullover, einer Kappe und Kniehosen aus Tweed.

„Frauen brauchen reihenweise Perlen." Coco Chanel

Chanel

Gabrielle „Coco" Chanel (links) war eine der einflussreichsten Modeschöpferinnen des 20. Jahrhunderts. Ihre klaren, eleganten Designs waren maßgebend für den Look der 1920er. Mit ihrem „kleinen Schwarzen", das sie normalerweise mit vielen Perlen trug, revolutionierte Chanel die Damenmode.

Hollywood-Glamour

Die 1930er-Jahre waren für viele Menschen weltweit eine Zeit der finanziellen Not. Aber in Hollywood lief die Filmindustrie auf Hochtouren. Filmstars wurden zu den Trendsettern ihrer Zeit. Ihre Fans waren von den Fotos in den Illustrierten fasziniert und wollten sehen, wie sich die Stars auf der Leinwand und im Alltag kleideten.

Perfekt geschnitten

Abendkleider wurden wieder bodenlang, lagen eng an und waren sehr elegant. Sie wurden jetzt im Schrägschnitt geschneidert. Dabei wurde der Stoff diagonal zur Webrichtung geschnitten statt gerade. So wurde er dehnbarer und schmiegte sich am Körper an.

Tiefer Ausschnitt

Taillierte Passform

Unterarmtasche

Schulter- und rückenfrei

Pelzstola

Zum ersten Mal waren Kleider so geschnitten, dass sie das Gesäß betonten.

Abendkleid von Jean Patou (1936)

Die Schauspielerin Bette Davis in einem Satinabendkleid im Schrägschnitt.

Diamantbroschen für Abendkleider

Elegant im Alltag

Wie die Abendkleider sollten auch die tagsüber getragenen Kleider und Kostüme ihre Trägerinnen größer und schlanker wirken lassen. Sie waren eng anliegend, wobei die Röcke meist Falten hatten oder ausgestellt geschnitten waren.

Eng geschnittener, bis zur Mitte der Waden reichender Rock

Hut, seitlich getragen

Halsschleife

Schmale, mit einem Gürtel akzentuierte Taille

Die Stoffe für Tageskleider waren oft mit stilisierten Blumen oder mit Mustern wie diesem hier bedruckt.

Freizeitoutfit für Herren

Filzhut, seitlich getragen

Breite Schulterpolster

Breites Revers

Taillierte Jacke

Weites Hosenbein

In den 1930ern wurde das Sonnenbaden modern. Wie hier in diesem Bild wollten viele Frauen ihre Bräune mit den rückenfreien Kleidern und Neckholder-Tops zur Schau stellen.

Bis ins letzte Detail

Typisch für die Mode der 1930er-Jahre war vor allem die taillierte Passform. Alle Accessoires waren einfach, aber schick.

Nach dem Vorbild der Filmstars begannen viele Frauen Make-up zu tragen – vor allem Puder und roten Lippenstift.

Krokodilledertasche im Box-Bag-Stil

Schnürschuhe

Lederhandschuhe

Hüte wurden zu jedem Anlass getragen.

Deckel einer Puderdose aus den 1930ern

Die Kriegsjahre

1939 brach der Zweite Weltkrieg aus. Während der Kriegsjahre herrschte Mangel an allem, auch an Kleidung und Stoffen. Auf diesen Seiten wird vor allem die englische Mode jener Zeit gezeigt. Im gegnerischen Deutschland, das unter der Diktatur der Nationalsozialisten den Krieg begonnen hatte, spielten auch Volkstrachten eine große Rolle.

Dieses Plakat fordert Frauen dazu auf, die Arbeit der eingezogenen Männer in der Landwirtschaft zu übernehmen.

Mode für die Frau

- Taillierte Jacken in maskulinem Stil und Mäntel mit Schulterpolstern
- Enge Röcke (weite Röcke brauchten zu viel Stoff)
- Nylonstrumpfhosen (die damals aber nicht immer zu haben waren)
- Praktische Stoffhosen (für diejenigen Frauen, die die Jobs der Männer übernahmen, die nun an der Front waren)
- Strapazierfähige Schuhe mit Keilabsatz

Strenger Stil

Als mehr und mehr Männer und Frauen zu den Streitkräften und militärischen Hilfsdiensten eingezogen wurden, hatte die Produktion von Uniformen Vorrang gegenüber jeglicher Mode. Normale Kleidung sah immer strenger aus, da die Schnitte sehr schlicht konzipiert wurden, um Stoffverschwendung zu vermeiden.

Eckige Schultern

Jacke mit höchstens vier Knöpfen

Blousonjacke

Stoffhose

Enger Rock

1942 wurden diese drei Outfits von der britischen Regierung als besonders sparsam und praktisch empfohlen.

Obwohl Paris von der deutschen Wehrmacht besetzt war, entwarfen die Pariser Hutmacher immer extravagantere Modelle.

Schuhe mit Keilabsatz

Um auf Luftangriffe vorbereitet zu sein, hatten die Menschen Gasmasken bei sich. Die meisten trugen sie in einfachen Leinenbeuteln oder Kartons mit Tragegurt. Diese außergewöhnlich luxuriöse Gasmaskentasche ist hingegen aus Reptilienhaut.

Aus Alt mach Neu

Während des Krieges und auch noch eine ganze Weile danach waren viele lebensnotwendige Dinge rationiert. Die Menschen bekamen für Lebensmittel, Kleidung und vieles andere Bezugsscheine, die „Marken" genannt wurden. Damit konnte man gerade mal ein neues Outfit pro Jahr kaufen und musste sparsam und kreativ sein

Auch Knöpfe waren rationiert, deshalb wurden alte gesammelt und wiederverwendet.

Alte Pullover wurden aufgeribbelt, damit man aus der Wolle neue stricken konnte.

Die Regierungen warben mit Plakaten wie diesem dafür, sparsam zu wirtschaften und alte Kleidung zu reparieren.

Nylonstrümpfe wurden in den späten 1930er-Jahren in den USA eingeführt. Sie hatten in der Regel eine Naht auf der Rückseite. Es war oft schwer, sie zu bekommen. Deshalb malten sich einige Frauen eine Linie auf ihre Beine, damit es so aussah, als ob sie Strümpfe trugen.

Dies ist ein besonderer Faden, mit dem man Strümpfe reparieren konnte.

Kopftuchstoff mit patriotischen Sprüchen und Kriegsschildermuster (England 1942)

Haarpflege

Zu besonderen Anlässen benutzen Frauen Wickler, um sich die Haare in Wellen zu legen, die sie dann vorne feststeckten.

Sonst trugen sie oft Tücher oder gehäkelte Haarnetze, die das Haar zurückhielten, was besonders für diejenigen, die an Maschinen arbeiteten, wichtig war.

Der „New Look"

1947 brachte der französische Designer Christian Dior seine erste große Kollektion heraus. Mit ihr kam in den 50er-Jahren der romantische, luxuriöse Look wieder in Mode. Nach der schlichten Kleidung der Kriegsjahre wollten viele Frauen jetzt die neue Mode tragen, die später als „New Look" bezeichnet wurde.

Dieses elegante Kostüm (links) ist das sogenannte „Bar-Suit" und war das Kernstück von Diors 1947er-Kollektion.

Der „New Look"
- Runde Schultern
- Schmale Taille, oft mit Korsett eingeschnürt und mit Gürtel oder sogar mit Hüftpolstern betont
- Kostüme mit taillierten Jacken
- Halblange Röcke
- Abendkleider mit ausgestellten Röcken
- High Heels und dazu Handschuhe und Hüte

Weit ausgestellte Röcke und besonders enge, sogenannte „Bleistiftröcke" waren gleichermaßen modern.

Abendkleider endeten knapp oberhalb der Knöchel und wurden mit Unterröcken getragen, damit sie mehr Volumen bekamen.

Abendschuhe wurden farblich passend zum Kleid ausgewählt. Sie liefen vorne spitz zu und hatten schmale Stilettoabsätze.

Bei feierlichen Anlässen trugen Frauen das Haar hochgesteckt und dazu große Ohrringe. Diese hier stammen aus dem New Yorker Schmuckhaus Tiffany & Co.

Ab in die Sonne

In den 1950ern hatten die Menschen wieder mehr Zeit und Geld, um Freizeitaktivitäten nachzugehen und Sport zu treiben. Das sieht man auch an der Mode der Zeit. Aus Amerika kam der Trend zu Bikinis und Bermudashorts. Auch Hawaiihemden waren sehr populär.

Sonnenbrillen

Freizeitkleid aus Baumwolle von Horrockses (London 1955)

Bikini mit Tupfenmuster

Freizeitkleider waren in der Regel aus Baumwolle und mit frischen und hellen Blumenmustern bedruckt. Die schmale Taille und der bauschige Rock dieses Kleides sind typisch für den „New Look".

Hawaiihemd

Die Schauspielerin Audrey Hepburn machte den lässigen Look aus kurzen Caprihosen und Ballerinas populär.

Teenager

Zum ersten Mal bildeten Jugendliche eine eigenständige Gruppe mit eigenem Modestil. Anstatt dem Geschmack der Elterngeneration zu folgen, tanzten sie Rock 'n' Roll und trugen Jeans* und Tellerröcke.

Der Jeansstoff Denim wurde schon in den 1870ern für Arbeitskleidung verwendet, aber erst der Schauspieler James Dean (links) verhalf der Jeanshose zum Durchbruch.

Hochgegelte Tolle · Pferdeschwanz · Tellerrock · Jeanshose · Zweifarbige Schnürschuhe · Söckchen

* Die Bezeichnung Jeans erinnert an die bereits im Mittelalter üblichen Hosen der Seeleute. Diese Hosen wurden aus in der italienischen Stadt Genua hergestelltem Segeltuch gemacht. Das Tuch wurde nach dem Namen „Genua" „Jean" genannt. Später machten auch Weber in der französischen Stadt Nîmes ihren eigenen Jeansstoff, der „de Nîmes" („aus Nîmes") hieß. Daraus entstand dann das Wort Denim.

Die 1960er-Jahre

In den 1960er-Jahren veränderte sich die Mode dramatisch. Trends kamen aus dem „Swingin' London". Angeführt von wagemutigen Designern und Popmusikern basierte der neue Stil auf einfachen, klaren Formen und kräftigen Farben. Mode war jung, frisch und machte Spaß.

Mode und Kunst

Die trendigen, kurzen Etuikleider erinnerten mit ihrer knabenhaften Silhouette an den Stil der 1920er-Jahre. Doch nun waren die Muster von der modernen Kunst inspiriert. Von im Pop-Art-Stil bedruckten Stoffen über geometrische Op-Art-Designs bis hin zu psychedelischen Mustern gab es alles.

Die Röcke wurden kürzer und der Minirock kam in Mode. Die modebewusste Frau zeigte Bein und trug bunte Schuhe und Strumpfhosen.

Op-Art-Druck (1966)

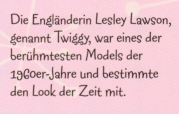
Plakatives Muster von Emilio Pucci (1968)

Die Engländerin Lesley Lawson, genannt Twiggy, war eines der berühmtesten Models der 1960er-Jahre und bestimmte den Look der Zeit mit.

Mode für die Frau

- Minirock und Etuikleid
- Bunte, plakative Muster auf Kleidern und Blusen
- Strumpfhosen in leuchtenden Farben
- Falsche Wimpern, schwarzer Eyeliner und schimmernder Lippenstift
- Kleidung und Accessoires zum Thema Raumfahrt

Königin der King's Road

In den Londoner Straßen Carnaby Street und King's Road eröffneten viele neue Boutiquen, in denen junge Leute erschwingliche Kleidung von jungen Designern kaufen konnten. Eine der einflussreichsten Designerinnen dieser Zeit war Mary Quant. Ihr wird oft die Erfindung des Minirocks zugeschrieben.

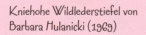
Kniehohe Wildlederstiefel von Barbara Hulanicki (1969)

Fortschritte in der Weltraumforschung führten zu einer Begeisterung für futuristische Kleidung und Accessoires aus glänzenden Materialien wie Metall, Leder und Kunststoff.

Space-Age-Sonnenbrille von Oliver Goldsmith (1968)

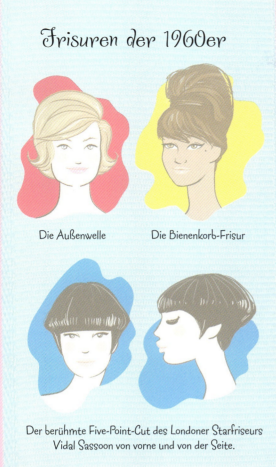

Frisuren der 1960er

Die Außenwelle

Die Bienenkorb-Frisur

Der berühmte Five-Point-Cut des Londoner Starfriseurs Vidal Sassoon von vorne und von der Seite.

Kleiner Hut („Pillbox")

Kostüm von Chanel (1964)

Designerkostüm

Schuhe mit mittelhohen Absätzen („Kitten Heels")

Handschuhe

Ein Stil wird erwachsen

Etablierte Designer nahmen nun Elemente der populären Mode wie die kurzen Röcke und Etuikleider in ihre exklusiven Kollektionen auf. Die elegantesten Frauen der Gesellschaft, zum Beispiel Jacqueline Kennedy, die Frau des damaligen US-Präsidenten, trugen sie.

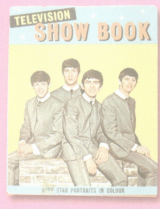

In den 1960er-Jahren gaben die Beatles mit ihren Pilzkopffrisuren und kragenlosen Jacken die Mode für junge Männer vor.

Eleganz in kräftigen Farben

Während in den letzten 150 Jahren Männerkleidung ziemlich schlicht gewesen war, trauten sich junge Männer nun mehr. In den frühen 1960ern trugen sie eng geschnittene Anzüge und längere Haare. Später, zur sogenannten „Peacock Revolution", kamen Rüschenhemden mit auffälligen Mustern in kräftigen Farben sowie Halstücher, Pelzmäntel, Samtanzüge und Vintage-Kleidung in Mode. Männer und Frauen kauften jetzt in den gleichen Boutiquen ein. Der Unisex-Stil wurde populär.

Armeejacke der englischen Pioniereinheit „Royal Engineers" hier mit Rüschenhemd und gestreifter Schlaghose kombiniert (1967)

Hippies

Musselinhemd

Schlaghose

Maxikleid

Immer am Puls der Zeit

Zum Ende des Jahrzehnts machten die klaren Linien der frühen 1960er-Jahre einer etwas freieren und einfacheren Mode Platz. Miniröcke wurden von Maxikleidern und Kaftanen abgelöst. Schlaghosen waren jetzt der letzte Schrei und Schwarze trugen ihr Haar jetzt als riesige 'Afros'.

Verzeichnis der Modedesigner

Führende Designer beeinflussten die Mode seit dem späten 19. Jahrhundert. Jede Kollektion wurde auf einer Modenschau präsentiert und der Stil dann für die Massenproduktion angepasst. Hier ist eine Auswahl der bedeutendsten Modeschöpfer:

Goldenes Neckholder-Kleid aus Lurex (1970er)

Giorgio Armani

geb. 1934
Italiener

Giorgio Armani ist besonders für seinen entspannten, minimalistischen Stil bekannt. Er entwirft elegante, unkomplizierte Kleidung für Männer und Frauen.

Cristóbal Balenciaga

1895–1972
Spanier, lebte in Paris

Balenciaga steht für innovative Formen in der Damenmode der 1950er und 1960er, darunter der „Kokon-Mantel" und das „Sack-Kleid".

Ein Model in einem Balenciaga-Mantel (1950)

Pierre Cardin

geb. 1922
Italienischstämmiger Franzose

Cardin studierte zunächst Architektur und wandte sich erst später der Mode zu. In den 1960er-Jahren waren geometrische Motive ein fester Bestandteil seiner Kollektionen, die stark von Motiven aus der Raumfahrt beeinflusst waren.

„Space-Age-Kleidung" (1960er)

Coco Chanel

1883–1971
Französin

Ihr wird die Erfindung des „kleinen Schwarzen" zugeschrieben. Chanel war maßgebend für den Stil der 1920er-Jahre. Sie kreierte schlichte und klassische Damenmode, oft aus blauem und beigem Jersey.

André Courrèges

1923–2016
Franzose

Courrèges war Bauingenieur, bevor er seine Karriere als Modedesigner begann. Er wurde in den 1960er-Jahren berühmt für seine geometrischen Kleider, die oft Details im „Cut-Out-Stil" und „Space-Age-Accessoires" hatten.

Christian Dior

1905–1957
Franzose

Dior war ein Modedesigner der klassischen „Haute Couture" (Französisch für „gehobene Schneiderei") und kreierte 1947 den „New Look".

Jean-Paul Gaultier

geb. 1953
Franzose

Gaultier machte den Kilt und den Rock wieder zur Männermode und etablierte das Korsett als Top statt als Unterwäsche.

Korsett und Kilt (frühe 1990er)

Roy Halston

1932–1990
Amerikaner

Halston entwarf aufreizende Kleider und Jumpsuits, die oft Neckholder-Träger hatten oder auf einer Seite schulterfrei waren. Seine Outfits waren in den exklusiven Diskotheken der 1970er-Jahre besonders beliebt.

Calvin Klein

geb. 1942
Amerikaner

Calvin Klein ist als Schöpfer von einfacher, hochwertiger Freizeitkleidung, Jeans und Unterwäsche bekannt.

Werbung für eines von Lanvins Mutter-Tochter-Outfits (1920)

Jeanne Lanvin

1867–1946
Französin

Lanvin war eine Hut- und Modedesignerin, die mit romantischen Kleidern und Mutter-Tochter-Outfits bekannt wurde.

Ralph Lauren

geb. 1939
Amerikaner

Lauren studierte erst Betriebswirtschaft in New York, bevor er Modedesigner wurde. Seine Kreationen, die ihn in den 1970ern berühmt machten, sind geprägt von natürlichen Textilien und Vintage-Kleidung.

Alexander McQueen

1969–2010
Brite

McQueen wurde besonders für seinen theatralischen Stil und seine präzisen Schnitte gefeiert.

Issey Miyake

geb. 1938
Japaner

Miyake ist vor allem für seine plastischen Schnitte und seine Plisseestoffe bekannt.

Plisseekleid (Mitte der 1990er)

Jean Patou

1880–1936
Franzose

Patou wurden in den 1920ern für seine schlichten und klaren Designs bekannt. Er kleidete viele Sportler und Schauspielerinnen ein.

Kleid von Jean Patou (1925)

Paul Poiret

1879–1944
Franzose

Poiret wurde in den 1910ern mit seinen ausgefallenen und orientalisch drapierten Kleidern und Mänteln berühmt.

Mary Quant

geb. 1934
Britin

Quant hatte in den 1960ern mit ihren Miniröcken und bunten Etuikleidern großen Erfolg. Besonders junge Leute liebten ihre Kleidung.

Paco Rabanne

geb. 1934
Spanier

Rabanne sorgte in den 1960ern mit seinen futuristischen Designs aus Metall, Papier, Leder und Plastik für Furore in der Modebranche.

Yves Saint Laurent

1936–2008
Franzose, geboren in Algerien

Saint Laurent designte vor allem elegante Freizeitkleidung für Frauen, die oft von maskulinen Schnitten inspiriert war. 1966 war er der Erste, der eine sogenannte „Pret-à-Porter-Kollektion" in Standardgrößen herausbrachte.

Elsa Schiaparelli

1890–1973
Italienerin

Schiaparelli entwarf und verkaufte zuerst Strickwaren und entwarf ab den 1920ern auch Kleider. Sie war vor allem für ihre witzigen und exzentrischen Designs und für ihre Kooperationen mit den Surrealisten bekannt.

Valentino

geb. 1932
Italiener

Valentino Garavanis romantische Abendkleider sind bei Filmstars und dem Hochadel beliebt.

Kleid von Jean Patou (1925)

Gianni Versace

1946–1997
Italiener

Versace arbeitete erst im Atelier seiner Mutter mit und gründete 1978 seine eigene Firma. Er designte vor allem elegante, maßgeschneiderte Kleidung.

Madeleine Vionnet

1876–1975
Französin

Designerin aus Paris, die in den späten 1920er-Jahren die Schrägschnittmethode einführte und so schmale, die Figur umschmeichelnde Kleider kreierte.

Vivienne Westwood

geb. 1941
Britin

Westwood öffnete in den 1970ern ihr erstes Geschäft in London, in dem sie ausgeflippte Punkklamotten verkaufte. Ihre Kleidung ist sorgfältig geschneidert und oft von der Mode vergangener Zeiten inspiriert, die sie auf moderne Weise neu interpretiert.

Charles Frederick Worth

1826–1895
Brite, lebte in Paris

Worth war einer der ersten Modeschöpfer, der Kollektionen für verschiedene Jahreszeiten herausbrachte. In den 1870ern führte er das Hüftpolster ein.

Abendkleid von Charles Frederick Worth (1872)

Eine Mode-Zeitreise

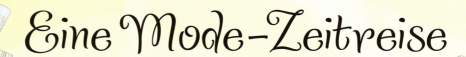

Vor 4000 Jahren
Die alten Ägypter trugen in Falten gelegte Leinentücher und dazu Kragen aus Perlen.

Vor 3500 Jahren
Die alten Griechen trugen weite Tücher, die sie um den Körper drapierten und mit Broschen befestigten.

Vor 2000 Jahren
Einflussreiche Römer trugen einen Umhang, den man Toga nannte, über einer schlichten Tunika.

1830–1860
Nun waren Frauenkleider wieder voluminöser und glockenförmig. Unter den Kleidern wurden Korsett und Krinoline getragen. Herren aus allen gesellschaftlichen Schichten trugen Zylinder.

1790–1820
Von klassischen griechischen und römischen Statuen inspiriert, trugen Frauen die Empire-Taille, modische Herren dagegen schlichte Anzüge und geknotete Halstücher.

1774–1792
Die französische Königin Marie Antoinette und ihre „Ministerin für Mode" Rose Bertin gaben die Mode der Zeit vor.

1848
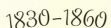
Isaac Singer reicht das Patent für die Nähmaschine ein.

1870–1890
Frauenkleider waren vorne flach und hinten voluminös und wurden mit Polstern hochgehalten.

1873
Levi Strauss ließ sich die Denimhose (Jeans) patentieren.

1875
Das Modegeschäft Liberty eröffnete in London.

1947
Christian Dior präsentierte den „New Look".

1939–1945
Während des Zweiten Weltkrieges waren viele Dinge rationiert. Die Mode musste sich dem Mangel an Stoffen und Kleidungsstücken anpassen. Hier lässt sich eine Frau eine falsche Naht auf die Beine malen, damit es so aussieht, als hätte sie eine Strumpfhose an.

1930er
Filmstars bestimmten den Glamour-Look der 1930er. Die Kleider waren geschmeidig und umspielten die Figur.

1950er
Modeschöpfer entdeckten zum ersten Mal Jugendliche als eigenständige Zielgruppe. Die Kleidung der Teenager war vom Rock 'n' Roll inspiriert.

1955
Mary Quant, der oft die Erfindung des Minirocks zugeschrieben wird, eröffnete ihre erste Boutique in der Londoner King's Road.

1960er
Mode war vom frischen Stil des „Swingin' London" beeinflusst.

Um 500 n. Chr.
Reiche Byzantiner trugen Seidenroben mit aufwendigen Mustern und dazu viel Schmuck.

1200–1400
Im Mittelalter bestand Männerkleidung aus Wams, Hose und langen, spitzen Schuhen. Frauen trugen lange Kleider und aufwendige Kopfbedeckungen.

1500–1550
Könige und Königinnen sowie deren Hofstaat beeindruckten mit Seide und Samt, die reichlich bestickt und mit Schmuck verziert waren.

1690er
König Ludwig XIV. von Frankreich war der Erste, der gepuderte Perücken trug. Diese waren daraufhin fast das ganze 18. Jahrhundert lang in Mode.

1630er
Durch den französischen Hofstaat kamen die weiten Spitzenkragen mit passenden Manschetten in Mode.

1550–1600
Von Spanien aus breitete sich die Mode der Spitzenkrausen über ganz Europa aus.

1880–1900
Freizeitkleidung für Männer bestand aus sportlichen Anzügen und Strohhüten.

1890er
Das Korsett bekam eine neue S-Form.

1900–1910
Sport, besonders Radfahren und Schwimmen, wurde immer beliebter und die Mode passte sich an.

1909
Gabrielle „Coco" Chanel eröffnete ihr erstes Geschäft in Paris.

1920er
Die Flapper waren die Trendsetter dieser Zeit. Zum ersten Mal ging der Saum ihrer Kleider bis auf Knielänge hoch.

1914–1918
Während des Ersten Weltkrieges trugen viele Frauen Uniform, weil sie den militärischen Hilfsdiensten beitraten, um im Krieg ihren Beitrag zu leisten.

1961–1963
Jacqueline Kennedy, die Ehefrau des US-Präsidenten, verkörperte die erwachsene Couture und bestimmte so den Look der 1960er.

1968
Während des sogenannten „Summer of Love" (Englisch für: „Sommer der Liebe") kamen Hippies auf Musikfestivals zusammen.

1970 bis heute
Mode wird immer vielfältiger. Designer lassen sich unter anderem auch von den Stilen vergangener Zeiten und anderer Länder inspirieren.

Bildquellenverzeichnis

Die Herausgeber haben jede Anstrengung unternommen, um die Inhaber von Urheberrechten ausfindig zu machen und anzugeben. Falls Angaben fehlen oder unvollständig sein sollten, bittet der Verlag um Mitteilung und wird in zukünftigen Ausgaben entsprechende Korrekturen vornehmen. Der Verlag bedankt sich bei den folgenden Personen und Organisationen für die Erlaubnis zur Wiedergabe von Material auf den folgenden Seiten:

Umschlag: Weste © Fashion Museum, Bath and North East Somerset Council/Schenkung von Mrs Joscelyn-Wilkie/Bridgeman Art Library; Stecker aus dem 17. Jahrhundert © Victoria and Albert Museum, London; Kleid von 1920 © 2012, Bildrechte: Metropolitan Museum of Art/Art Resource/Scala, Florenz; Hut © Victoria and Albert Museum, London; Handschuhe, © Fashion Museum, Bath and North East Somerset Council/The Glove Collection Trust/Bridgeman Art Library; Kleid, 18. Jahrhundert © Victoria and Albert Museum, London; **Erste Mode, Seite 2–3:** S. 2, Wandbild aus einer ägyptischen Grabstätte © Images.com/Corbis; S. 2, Ägyptischer Kragen © De Agostini/Getty Images; S. 2, Griechischer Kranz © Art Archive/Archäologisches Museum Dion Griechenland/Collection Dagli Orti; S. 2, Römersandalen © Museum of London, Großbritannien/The Bridgeman Art Library; S. 3, Byzantinisches Mosaik © Art Archive/Alamy; S. 3, Byzantinisches Armband © 2012, Bildrechte: The Metropolitan Museum of Art/Art Resource/Scala, Florenz; S. 3, Byzantinische Ohrringe © Ashmolean Museum, Universität Oxford, Großbritannien/The Bridgeman Art Library; S. 3, Mittelalterliches Paar © INTERFOTO/Alamy; S. 3, Samt © Victoria and Albert Museum, London; S. 3, Schnabelschuh © Museum of London, Großbritannien; **Frühe Neuzeit, Seite 4–5:** S. 4, Heinrich VIII. © Walker Art Gallery, National Museums Liverpool/Bridgeman Art Library; S. 4, Jacke (mit Detailansicht) © Victoria and Albert Museum, London; S. 5, Stecker © Ashmolean Museum, Universität Oxford, Großbritannien/Bridgeman Art Library; S. 5, Elisabeth I. © Art Archive/aus privater Kollektion/Philip Mould; S. 5, Handschuhe Elisabeths I. © Adam Woolfitt/Corbis; S. 5, Plateauschuhe © Victoria and Albert Museum, London; S. 5, Ketten © Museum of London, Großbritannien; **Kragen und Manschetten, Seite 6–7:** S. 6, Kragen und Manschetten © Victoria and Albert Museum, London; S. 6, Der lachende Kavalier © Peter Barritt/Alamy; S. 6, Wams und Kniehosen (mit Detailansicht) © Victoria and Albert Museum, London; S. 7, Korsett © Victoria and Albert Museum, London; S. 7, Schuh © Victoria and Albert Museum, London; S. 7, Textilien © Victoria and Albert Museum, London; S. 7, Bildnis der ältesten drei Kinder Karls I. © 2011 Ihre Majestät Königin Elisabeth II./Bridgeman Art Library; **Reifröcke und Perücken, Seite 8–9:** S. 8, Ludwig XIV. © Bibliotheque des Arts Decoratifs, Paris, Frankreich/Archives Charmet/Bridgeman Art Library; S. 8, Schuh Ludwigs XIV. © De Agostini Picture Library/Bridgeman Art Library; S. 8, Weste (mit Detailansicht) © Museum of London, Großbritannien; S. 9, Seidenkleid © Victoria and Albert Museum, London; S. 9, Seidentextilien © Victoria and Albert Museum, London; S. 9, Marie Antoinette © Château de Versailles, Frankreich/The Bridgeman Art Library; S. 9, Bootfrisur © Art Archive/Alamy; **Der klassizistische Stil, Seite 10–11:** S. 10, Paisleyschal © Victoria and Albert Museum, London; S.10, Handschuhe © Fashion Museum, Bath and North East Somerset Council/The Glove Collection Trust/Bridgeman Art Library; S. 10, Stiefel © Victoria and Albert Museum, London; S. 11, Kleid der Kaiserin Joséphine (mit Detailansicht) © RMN-GP/Gérard Blot; S. 11, Schuhe © Victoria and Albert Museum, London; S. 11, Fächer © Victoria and Albert Museum, London; S. 11, Beau Brummell © Bridgeman Art Library; S. 11, Knopf © Victoria and Albert Museum, London; **Krinoline und Sanduhr-Figur, Seite 12–13:** S. 12, Korsettwerbung © Mary Evans Picture Library/Lynne's Collection; S. 12, Alltagskleid 1840 © Fashion Museum, Bath and North East Somerset Council/Schenkung von Miss Ingleby/The Bridgeman Art Library; S. 12, blaues Korsett © Art Archive/Museum of London; S. 12, Haube © Victoria and Albert Museum, London; S. 13, Madame Moitessier © Fisherman/Alamy; S. 13, Schmuck © Bonhams, London, Großbritannien/Bridgeman Art Library; S. 13, Schuhe © Victoria and Albert Museum, London; S. 13, Frau mit Nähmaschine © The Print Collector/Alamy; S. 13, Textilien © Victoria and Albert Museum, London; S. 13, Weste © Fashion Museum, Bath and North East Somerset Council/Schenkung von Mrs Joscelyn-Wilkie/Bridgeman Art Library; **Tournüre und Korsett, Seite 14–15:** S. 14, Rotes Kleid (mit Detailausschnitt) © 2012, Bildrechte: The Metropolitan Museum of Art/Art Resource/Scala, Florenz; S. 14, Stiefel © Victoria and Albert Museum, London; S.14, Die Brautjungfer © Leeds Museums and Galleries (City Art Gallery) Großbritannien/Bridgeman Art Library; S. 15, Oscar Wilde © The Stapleton Collection/Bridgeman Art Library; S. 15, 1900er Liberty-Kleid © Victoria and Albert Museum, London, Großbritannien/Bridgeman Art Library; S. 15, Liberty-Stoff © Victoria and Albert Museum, London; S. 15, Der Tagtraum © Victoria and Albert Museum, London, Großbritannien/Bridgeman Art Library; S. 15, Korsettwerbung © Bibliothèque des Arts Décoratifs, Paris, France/Archives Charmet/The Bridgeman Art Library; **Sportliche Zeiten, Seite 16–17:** S. 16, Kleid und Hut © Victoria and Albert Museum, London; S. 16, Radfahrerinnen Illustration © Mary Evans Picture Library; S. 17, Kamm © Cheltenham Art Gallery and Museums, Gloucestershire, Großbritannien / Bridgeman Art Library; S. 17, Paul Poiret Kleid © Victoria and Albert Museum, London; S. 17, Brosche © Victoria and Albert Museum, London; S. 17, Handtasche © Victoria and Albert Museum, London; S. 17, Poster der englischen Frauenseewaffe © Art Archive/Eileen Tweedy; **Die goldenen 20er, Seite 18–19:** S. 18–19, Perlenkette, mit freundlicher Genehmigung von Ann Leschnikoff; S. 18, Abendkleid © 2012, Bildrechte: The Metropolitan Museum of Art/Art Resource/Scala, Florenz; S. 18, Fächer mit Federn, mit freundlicher Genehmigung von Sue Haswell; S. 18, Schuhe © Victoria and Albert Museum, London; S. 18, Ohrringe © Victoria and Albert Museum, London; S. 18, Illustration von George Barbier © Victoria and Albert Museum, London; S. 19, Tageskleider © Historical Picture Archive/Corbis; S. 19, Coco Chanel © Pictorial Press Ltd/Alamy; S. 19, Glockenhut © Victoria and Albert Museum, London; S. 19, Mantelwerbung © Mary Evans Picture Library/Alamy; **Hollywood-Glamour, Seite 20–21:** S. 20, Kleid von Jean Patou © Lordprice Collection/Alamy; S. 20 Bette Davis © Pictorial Press Ltd/Alamy; S. 20, Diamantenbrosche © Victoria and Albert Museum, London; S. 21, Tageskleider © INTERFOTO/Alamy; S. 21, Textilie © Victoria and Albert Museum, London; S. 21, Postkarte © Pictorial Press Ltd/Alamy; S. 21, Puderdose © Mary Evans/Retrograph Collection; **Die Kriegsjahre, Seite 22–23:** S. 22, Armeeposter © Steve Allen-Retro Images/Alamy; S. 22, Hutentwürfe © Mary Evans Picture Library/National Magazine Company; S. 22,Gasmaskentasche © Victoria and Albert Museum, London; S. 23, Poster © The National Archives/Heritage-Images/TopFoto TopFoto.co.uk; S. 23, Kopftuchstoff © Victoria and Albert Museum, London; **Der „New Look", Seite 24–25:** S. 24, Christian Dior Modedruck aus der Vogue © Christian Berard/Bibliothèque des Arts Décoratifs, Paris, France/Archives Charmet/Bridgeman Art Library © ADAGP, Paris und DACS, London 2012; S. 24, Ohrringe © Victoria and Albert Museum, London; S. 24, Schuhe © Victoria and Albert Museum, London; S. 24, Abendkleid © Victoria and Albert Museum, London; S. 25, Kleid von Horrockses © Victoria and Albert Museum, London; S. 25, 1950er-Sonnenbrillen, mit freundlicher Genehmigung von www.vintage50seyewear.com; S. 25, Audrey Hepburn © SZ Photo/Bridgeman Art Library; S. 25, James Dean © John Kobal Foundation/Hulton Archive/Getty Images; **Die 1960er-Jahre, Seite 26–27:** S. 26, Kleiderstoff, schwarz-weiß © Victoria and Albert Museum, London; S. 26, Pucci-Stoff © V&A Images/Alamy; S. 26, Twiggy © Popperfoto/Getty Images; S. 26, Mary Quant © Keystone/Stringer/Getty Images; S. 26, Stiefel © Victoria and Albert Museum, London; S. 26, Sonnenbrille © Victoria and Albert Museum, London; S. 27, 1964 Chanel Kostüm © Victoria and Albert Museum, London; S. 27, Die Beatles auf einem Cover eines Modemagazins © 2012, Foto Scala Florenz/Heritage Images; S. 27, Herrenoutfit © Victoria and Albert Museum, London; **Verzeichnis der Modedesigner, Seite 28–29:** S. 28, Balenciaga-Werbung © Mary Evans Picture Library/National Magazine Company; S. 28, Lanvin Illustration © The Art Archive/Alamy; S. 29, Patou Kleiderskizze © Victoria and Albert Museum, London; S. 29, Vionnet-Kleid © Victoria and Albert Museum, London; S. 29, Kleid von Worth © 2012, Bildrechte: The Metropolitan Museum of Art/Art Resource/Scala, Florenz.

Übersetzung aus dem Englischen: Rebecca Steltner • Lektorat der deutschen Ausgabe: Andreas Rode
Lektorat der Originalausgabe: Jane Chisholm • Gestaltung (Leitung): Mary Cartwright
Bildrechte: Ruth King • Digitale Bildbearbeitung: John Russell

1. Auflage 2017 © 2017 für die deutsche Ausgabe: Usborne Publishing Ltd., 83–85 Saffron Hill, London EC1N 8RT, Großbritannien. Titel der Originalausgabe: Clothes & Fashion Sticker Book © 2012 Usborne Publishing Ltd., London. Der Name Usborne und die Symbole sind eingetragene Markenzeichen von Usborne Publishing Ltd. Alle Rechte vorbehalten. Ohne ausdrückliche vorherige Genehmigung des Verlages ist es nicht gestattet, die vorliegende Veröffentlichung in irgendeiner Form mit beliebigen Mitteln (unter anderem elektronisch, mechanisch, durch Fotokopie oder Aufzeichnung) ganz oder teilweise zu reproduzieren, in einem Datenabfragesystem zu speichern oder zu verbreiten.

Erste Mode Seite 2-3

Frühe Neuzeit Seite 4-5

Frühe Neuzeit Seite 4-5

Kragen und Manschetten
Seite 6-7

Reifröcke und Perücken Seite 8-9

Reifröcke und Perücken
Seite 8-9

Der klassizistische Stil
Seite 10-11

Der klassizistische Stil Seite 10–11

Krinoline und Sanduhr-Figur Seite 12–13

Tournüre und Korsett Seite 14–15

Sportliche Zeiten
Seite 16–17

Sportliche Zeiten Seite 16–17

Die goldenen 20er Seite 18–19

Hollywood-Glamour Seite 20–21

Hollywood-Glamour Seite 20-21

Die Kriegsjahre Seite 22-23

Die Kriegsjahre Seite 22–23

Der „New Look" Seite 24–25

Die 1960er-Jahre Seite 26–27

Verzeichnis der Modedesigner Seite 28–29

Eine Mode-Zeitreise Seite 30-31